Inhaltsverzeichnis

Vorwort **2**

Tipps zur Organisation und Durchführung **3**

Literatur / Bezugsquellen **4**

Beschreibung der Materialien **5**

1. Substantiv 5
2. Artikel 6
3. Adjektiv 7
4. Numerale 9
5. Konjunktion „und“ 10
6. Präposition 11
7. Verb 12
8. Pronomen 13

Kopiervorlagen **15**

Anhang

Arbeitsplan für kleine Sprachforscher / Sprachforscherinnen 45

Beobachtungsbogen 46

Formenvorlage 47

Titelstreifen für die Dosen 48

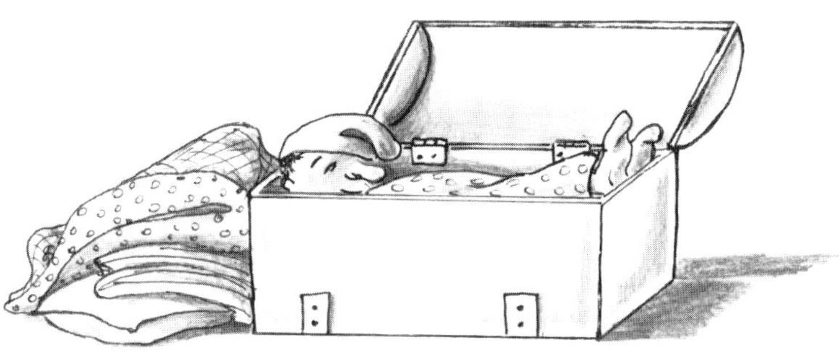

Vorwort

Sprachlehre – eine trockene Angelegenheit! Dieses Vorurteil steckt in vielen Köpfen und steckte lange Zeit auch in meinem eigenen. Geprägt durch wenig erbauliche Erfahrungen in der eigenen Schul- und Studienzeit, konnte ich diesem Bereich der Sprache nur ein geringes Maß an Freude abgewinnen und mangels eigener Begeisterung auch meine SchülerInnen nicht sonderlich motivieren. So habe ich Grammatik lange Zeit als ein notwendiges Übel betrachtet und die Beschäftigung damit im Unterricht auf ein unvermeidliches Minimum beschränkt. Bis – ja, bis ich den Umgang mit Grammatik in der Montessori-Pädagogik kennenlernte. Da wurde es plötzlich interessant und spannend, die Gesetzmäßigkeiten der Sprache zu entdecken, zu erforschen und handelnd zu erobern. Grammatik mit allen Sinnen, Sprache zum Anfassen, damit konnte ich auch meine SchülerInnen begeistern.

In der Montessori-Pädagogik steht zunächst das Handeln im Vordergrund. Erst wenn die Funktionen der Wortarten verinnerlicht sind, erfolgt die stufenweise Abstraktion durch Symbole, Benennung der Wortarten, Merksätze usw. Der Weg führt also über das Handeln zum Begreifen, vom Begreifen zum Begriff. Der experimentelle, forschende Umgang mit Sprache setzt Neugier, Interesse und freudiges Tun frei – gute Voraussetzungen, ein kleiner Sprachforscher / eine kleine Sprachforscherin zu werden.

Nachdem die einzelnen Wortarten spielerisch eingeführt worden sind (z. B. mit Hilfe der „Schatzkiste Grammatik Band 1"), können die Kinder mit den vorliegenden Übungsmaterialien diese ersten Kenntnisse selbstständig erweitern und vertiefen. Durch den handelnden Umgang mit Sprache werden die Gesetzmäßigkeiten der Grammatik für die Kinder erfahrbar und erlebbar. Auf diese Weise wird aktives, selbstgesteuertes Lernen gefördert und die Freude daran gesteigert.

Um die einzelnen Aufgaben gut zu bewältigen, müssen die Kinder außerdem sehr genau lesen, denn es kommt häufig auf jedes einzelne Wort an. Montessori spricht in diesem Zusammenhang von der „Analyse des Lesens". So wird ganz nebenbei durch die einzelnen Übungen auch das sinnentnehmende Lesen deutlich gefördert.

Der **Arbeitsplan** (s. S. 45) hilft den Kindern bei der systematischen Arbeit und gibt ihnen einen guten Überblick über erfolgreich bearbeitete Übungen. Auf dem **Beobachtungsbogen** (s. S. 46) kann die Lehrkraft die Lernfortschritte und das Arbeitsverhalten der SchülerInnen eintragen.

Die Materialien können sehr flexibel zur Differenzierung eingesetzt werden: als offenes Angebot in der Freiarbeit, als Station in einer Lernstraße oder zur Unterstützung und Förderung einzelner SchülerInnen. Besonders bewährt haben sich die Materialien auch in altersgemischten Klassen.

Ihnen und Ihren SchülerInnen wünsche ich viel Freude auf der Entdeckungsreise ins Land der Sprache.

Maria Schmetz

Tipps zur Organisation und Durchführung

Es ist wichtig, dass die Kinder im Vorfeld durch entsprechende Übungen und Spiele bereits **Vorkenntnisse** zu den einzelnen Wortarten erwerben konnten (z. B. mit der „Schatzkiste Grammatik Band 1“).

Ein Großteil der **Übungen** unterteilt sich in eine **Einführung in die Arbeit** mit dem entsprechenden Material und in die darauffolgende, **selbstständige Anwendung** der Arbeitsmaterialien (siehe Kapitel „Beschreibung der Materialien“ ab S. 5).
Zur Einführung finden Sie kleine Einstiegsübungen. Diese können mit einzelnen Kindern, einer kleinen Gruppe oder der ganzen Klasse durchgeführt werden. Dadurch wird das Bewusstsein der Kinder für die grammatikalischen Gegebenheiten geweckt und die Kinder werden so auf die jeweiligen Aufgabenstellungen vorbereitet.
Nach der Einführung arbeiten einzelne Kinder selbstständig mit den jeweiligen Materialien.

Die **Materialien** zu den verschiedenen Wortarten werden als kleine Einheiten mit klar umrissener Aufgabenstellung in Schachteln verpackt angeboten. So bleibt jede Übung für das Kind übersichtlich und überschaubar. Das Material kann eingesetzt werden, sobald ein Kind lesen kann. Wenn nicht anders vermerkt, eignen sich die Aufgaben für die **Einzel- und / oder Partnerarbeit.** Für viele Übungen gibt es eine Anleitungskarte. Für die Angebote ohne Anleitung erläutert die Lehrkraft die Handhabung kurz an einem Beispiel. Die Kontrolle erfolgt durch die Lehrkraft oder den Partner. Zu einigen Übungen gibt es auch eine Kontrollkarte, mit der die Kinder ihr Arbeitsergebnis selbstständig überprüfen können. Dies ist bei der jeweiligen Aufgabe extra vermerkt.

Die **Herstellung der Materialien** wird wie folgt durchgeführt:
- Kopiervorlagen auf weißes Papier kopieren
- Wörter, Sätze, Texte an den Umrandungslinien ausschneiden
- farbiges Tonpapier DIN A4 (möglichst farblich auf die dazugehörige Schachtel abgestimmt) mit Lineal und Bleistift in Felder aufteilen, je nach Anzahl und Größe der Wörter, Sätze und Texte
- Wörter, Sätze, Texte so in die Felder kleben, dass ein schmaler, farbiger Rand stehenbleibt
- DIN-A4-Seiten laminieren
- Karten ausschneiden

Hinweis: Wenn Sie die Kopiervorlagen direkt auf Tonpapier kopieren möchten, wählen Sie am besten nur Weiß oder helle Farben, weil durch intensivere Farben das Lesen für die Kinder erschwert wird.

Zwar ist die Herstellung der Materialien mit einem gewissen Aufwand verbunden, aber einmal hergestellt, steht das Material jederzeit und für viele Jahre zur Verfügung. Außerdem sind manche Eltern auch gerne bei der Herstellung behilflich.
Für die meisten Aufgaben werden zusätzlich kleine Gegenstände benötigt, die sich leicht in der Natur finden lassen, im Klassenzimmer vorhanden sind oder von zu Hause mitgebracht werden können. Es hat sich bewährt, beim Elternabend diese Art des Sprachmaterials vorzustellen und die Eltern um entsprechende Gegenstände zu bitten (evtl. Liste erstellen). Zeigen Sie bei der Gelegenheit auch die Schachteln, in denen die Dinge später aufbewahrt werden sollen, damit die Gegenstände von der Größe her hineinpassen.

Zur **Aufbewahrung** haben sich stabile Schachteln (s. Bezugsquellen S. 4) bewährt. Da es die Schachteln in verschiedenen Farben gibt, ist es für die Ordnung im Regal sehr hilfreich, für die

Tipps zur Organisation und Durchführung

Aufgaben einer Wortart Schachteln in der gleichen Farbe zu wählen und diese dann im Regal übereinanderzustellen, also z. B. für Substantive Rot, für Artikel Blau, für Adjektive Gelb, für Numerale Grün usw.

Gelegentlich befinden sich zwei verschiedene Aufgaben in einer Schachtel. Dann ist es ratsam, für jede Aufgabe eine eigene Farbe zu nehmen. Das ist bei der jeweiligen Aufgabe dann extra vermerkt. Zusätzlich ist es sinnvoll, die Kärtchen nach Farben getrennt in kleine Spielkartendosen (s. Bezugsquellen) zu legen, die zusammen in die Schachtel passen. Das erleichtert die Handhabung für die Kinder.

Die **Titelstreifen** für die Dosen (s. S. 48) werden zweimal kopiert und an die beiden Stirnseiten der Schachteln geklebt. Zur besseren Haltbarkeit kann noch ein Streifen aus transparenter Klebefolie darübergeklebt werden. Auf diese Weise gekennzeichnet, haben Lehrkraft und Kinder einen guten Überblick, wenn die Schachteln im Regal stehen, und beim Aufräumen ist schnell der richtige Platz gefunden.

Der **Arbeitsplan** für die Kinder (Arbeitsplan für kleine Sprachforscher / Sprachforscherinnen, s. S. 45) gibt eine Übersicht über die geleistete Arbeit. Die Kinder dürfen nach erledigter Aufgabe und Rücksprache mit der Lehrkraft das entsprechende Feld auf dem Arbeitsplan anmalen. Sind alle Aufgaben erledigt, kann die Arbeit mit einem kleinen Kommentar von der Lehrkraft gewürdigt werden.

Der **Beobachtungsbogen** (s. S. 46) ermöglicht der Lehrkraft einen guten Überblick über den Lernstand und die Lernfortschritte der einzelnen Kinder. In den Kästchen zu den verschiedenen Aufgaben wird das Datum vermerkt, an dem das Kind diese erledigt hat. Einzel- oder Partnerarbeit kann mit E oder P notiert werden. Für die übrigen Rubriken können folgende Zeichen eingetragen werden:

+ +	sehr gute Fähigkeiten
+	gute Fähigkeiten, entspricht dem Standard
–	hatte Schwierigkeiten, brauchte Hilfe
– –	hatte große Schwierigkeiten, brauchte intensive Hilfe

Je nach Wunsch können auch eigene Symbole zur Beurteilung der Arbeit verwendet werden.

Literatur

Auf die folgenden Materialien wird mehrmals in diesem Heft hingewiesen. Sie eignen sich sehr gut als Ergänzung zu dem vorliegenden Heft:

- Schatzkiste Grammatik Band 1, BVK, Best.-Nr.: DE01, ISBN 978-3-86740-079-4
- Schatzkiste Lesen, BVK, Best.-Nr.: PA78, ISBN 978-3-86740-033-6

Bezugsquellen

Farbige Schachteln in verschiedenen Größen:

- Ravensburger Juniorenfirma
  Robert-Bosch-Str. 1
  88214 Ravensburg
  Tel.: 07 51 / 86 12 83
  www.ravensburger.de/juniorenfirma/
- Lehrmittelverlag Torsten Schmidt
  Jahnstr. 36 a
  25358 Horst / Holstein
  Tel.: 0 41 26 / 3 82 14
  www.schmidt-lehrmittel.de

Spielkartendosen:

- Hail Lehrmittel
  Eifelstr. 20
  72766 Reutlingen
  Tel.: 0 71 21 / 49 25 12
  www.hail.de

Beschreibung der Materialien

1. Substantiv

1. Namen

Material: 12 Namenkärtchen (s. S. 15), 12 dazu passende Gegenstände (Stein, Würfel, Stoff, Hund, Pferd, Nikolaus, Bär, Baumrinde, Mann, Blume, Zwerg, Zapfen)

Ziele: Namen kennen und Gegenstände den Kärtchen zuordnen

Übung: Zur Einführung wird ein (Stuhl-)Kreis gebildet. Zwölf Kinder bekommen die Namenkärtchen, zwölf weitere Kinder die Gegenstände. Nacheinander lesen die Kinder ihr Namenkärtchen vor und legen es in die Kreismitte. Wenn jeweils ein Kind sein Namenkärtchen vorgelesen hat, legt das Kind mit dem passenden Gegenstand diesen dazu.
Danach arbeiten einzelne Kinder selbstständig mit dem o. g. Material. Sie ordnen die Gegenstände den Kärtchen richtig zu.

Tipp: weitere Lesedosen dieser Art siehe auch „Schatzkiste Lesen“: Lesedosen 1–4: Natur, Spielzeug, Haushalt, Werkstatt

2. Vorname – Nachname

Material: je Kind 1 Foto und 2 weiße Papierstreifen bedruckt mit Vorname und Nachname (alle etwas kleiner als DIN A7), Tonpapier in DIN A4
Es empfiehlt sich, für Jungen und Mädchen verschiedene Farben zu nehmen, für altersgemischte Klassen dann insgesamt vier verschiedene Farben.

Herstellung: Das Tonpapier in je acht Felder (DIN A7) aufteilen, mit Fotos und Namen bekleben, laminieren, auseinanderschneiden

Ziele: andere Kinder in der Klasse bewusst wahrnehmen, ihren Namen kennen und zuordnen können

Übung: Zunächst werden alle Bild- und Vornamenkärtchen in zwei Stapeln auf einem Tisch vor der Klasse abgelegt. Zwei Kinder kommen nach vorne, wählen je nach Lesefähigkeit ein Bild- oder ein Namenkärtchen und bringen es dem jeweiligen Kind an den Tisch. Dann stehen die Kinder, die gerade ein Kärtchen bekommen haben, auf und verteilen die nächsten beiden Kärtchen usw.
Nach der Einführung arbeiten 1–3 Kinder selbstständig. Die Bildkärtchen einer Farbe werden nebeneinander ausgelegt (großer Tisch oder Teppich), dann werden die Kärtchen mit den passenden Vornamen (Kärtchen mit derselben Farbe) nacheinander von einem Stapel genommen und dazugelegt. Sobald die Kinder sich besser kennen und besser lesen können, kommen auch die Kärtchen mit den Nachnamen zum Einsatz.

Einsatz: für 1–3 Kinder

Tipp: Beim Elternabend werden die Kärtchen auf die Tische der jeweiligen Kinder gelegt. Die Eltern freuen sich, wenn sie wissen, an welchem Platz ihre Kinder sitzen.

3. Einzahl – Mehrzahl

Material: 1 Leitkarte „Einzahl – Mehrzahl“, je 9 Namenkärtchen Einzahl und Mehrzahl (alle s. S. 15), Formenvorlage (s. S. 47)

Herstellung: Die Formenvorlage auf Tonkarton (einmal in einer Farbe für die Einzahl, mehrmals in einer zweiten Farbe für die Mehrzahl) kopieren, laminieren und ausschneiden.

Ziele: Einzahl- und Mehrzahlform beim Substantiv kennen, Formen und Namenkarten richtig zuordnen

Übung: Zur Einführung können auf zwei Tischen oder Teppichstücken Gegenstände liegen; auf dem ersten immer nur einer, auf dem zweiten mehrere von einer Sorte. Die

Lehrkraft nimmt einen einzelnen Gegenstand in die eine Hand, mehrere von diesem Gegenstand in die andere und sagt dazu z. B.: „Stift – Stifte“. Dann gibt sie einigen Kindern ebenfalls einzelne bzw. mehrere Gegenstände und fordert sie auf, die Dinge zu benennen.
Danach arbeiten die Kinder mit den o. g. Pappformen und ordnen ihnen die richtigen Namen in der Einzahl und Mehrzahl zu.

4. Zusammengesetzte Substantive

Material: **Aufgabe 1:** 1 Anleitung, 1 Kontrollkarte, 8 Satzstreifen, 8 Namenkärtchen (alle s. S. 16)
Aufgabe 2: 1 Anleitung, 10 x 3 Namenkärtchen (alle s. S. 17)

Hinweis: Die Aufgaben 1 und 2 sollten unbedingt verschiedenfarbig gekennzeichnet werden, da sie zusammen in einer Schachtel aufbewahrt werden. Evtl. die Kärtchen für die Aufgaben 1 und 2 in zwei Spielkartendosen legen, die gemeinsam in die Schachtel sortiert werden.

Ziele: **Aufgabe 1:** zusammengesetzte Namenwörter bilden
Aufgabe 2: zusammengehörige Wörter finden

Übung: Zu Beginn kann die Lehrkraft das Spiel „Die Namenmaler“ (s. „Schatzkiste Grammatik Band 1“) spielen oder beim ersten Gebrauch ein Beispiel aus der Schachtel zeigen.
Danach arbeiten die Kinder wie folgt selbstständig mit dem Material.
Aufgabe 1: Satzstreifen lesen, passendes Namenkärtchen dazulegen
Aufgabe 2: jeweils die drei zusammengehörigen Kärtchen nebeneinanderlegen

Kontrolle: **Aufgabe 1:** Kontrollkarte
Aufgabe 2: ergibt sich aus dem Material

5. Oberbegriff *Papier*

Material: 12 Wortkärtchen (s. S. 18), 12 dazu passende Papiersorten (je etwas kleiner als DIN A5)

Ziele: Oberbegriff *Papier* kennen; Papiersorten kennen, benennen, unterscheiden, Namenkärtchen zuordnen; Wortschatzerweiterung

Übung: Im Kreisgespräch dürfen die Kinder die verschiedenen Papiersorten anfassen und befühlen. Die Namen der einzelnen Papiersorten werden genannt und die Verwendung besprochen.
Danach ordnen die Kinder die Namenkärtchen selbstständig den Papiersorten zu.

Tipp: weitere Papiersorten von den Kindern mitbringen lassen, eine kleine Papiersammlung oder ein Musterbuch anlegen

2. Artikel

1. Bestimmter Artikel

Material: 12 Kärtchen mit Artikeln, 12 Namenkärtchen (alle s. S. 19), 12 dazu passende Gegenstände (Bast, Klebestift, Filz, Silberdraht, Wellpappe, Watte, Goldfolie, Holzperle, Leder, Tonpapier, Band, Holzstück)

Ziel: Namen die richtigen Artikel zuordnen

Übung: Zur Einführung sagt die Lehrkraft z. B.: „Gib mir mal der Buch.“, „Gib mir mal das Kreide.“ usw. Die Kinder lachen und dürfen die Lehrkraft verbessern.
Danach legen die Kinder selbstständig die Gegenstände, Namenkärtchen und Artikel passend nebeneinander (evtl. kurz zeigen).

2. Einzahl – Mehrzahl

Material: 12 Kärtchen mit Artikeln, 12 Namenkärtchen (alle s. S. 20), 12 dazu passende Gegenstände in entsprechender Anzahl (je einmal: Löffel, Gabel, (Ess-)Stäbchen, (kleiner Plastik-)Teller, Serviette, Messer; die übrigen Gegenstände mehrmals: Erbsen, Bohnen, Zahnstocher, Korken, Eislöffel, Teebeutel; Tipp: Erbsen und Bohnen am besten in kleine Plastiktütchen verpacken)

Ziel: Artikel in Einzahl und Mehrzahl richtig zuordnen

Übung: Die Lehrkraft zeigt die Anwendung an je einem Beispiel. Danach legen die Kinder die Gegenstände vor sich hin und ordnen die passenden Namen- und Artikelkärtchen zu.

3. Bestimmter und unbestimmter Artikel

Material: 12 Kärtchen mit Artikeln, 12 Namenkärtchen (alle s. S. 20), 12 dazu passende Gegenstände in entsprechender Anzahl (je einmal: Holzklotz, Ball, Glaskugel, Puppe, (kleines) Plüschtier, Büchlein; die übrigen Gegenstände mehrmals: Baustein, Würfel, Auto, Luftballon, Spielkarte, Spielfigur)

Ziel: bestimmte / unbestimmte Artikel richtig zuordnen

Hinweis: Der bestimmte Artikel bezieht sich auf einen bestimmten Gegenstand, der nur einmal vorhanden ist. Der unbestimmte Artikel bezieht sich auf einen Gegenstand, der mehrmals vorhanden, also einer von mehreren ist (im Unterschied zum Numerale).

Übung: Auf zwei Tüchern oder Tischen liegen Gegenstände, auf dem ersten solche, die nur einmal vorhanden sind (z. B. Schultasche, Mäppchen, Papierkorb usw.), auf dem zweiten jene, die mehrmals vorhanden sind (z. B. Stifte, Bücher, Büroklammern usw.). Die Lehrkraft fordert einzelne Kinder auf: „Gib mir das Mäppchen.“, „Gib mir die Schultasche.“, „Gib mir ein Buch.“, „Gib mir eine Büroklammer.“ usw. Anschließend gibt es ein kurzes Gespräch über den unterschiedlichen Gebrauch der Artikel. Danach ordnen die Kinder selbstständig die Namenkärtchen und Artikel zu den Gegenständen.

Tipp: siehe auch „Schatzkiste Grammatik Band 1“, S. 22 / 23, Nr. 7 „Zwergen-Schule“ und Nr. 8 „Zwergen-Schatzkiste“

3. Adjektiv

1. Eigenschaften 1

Material: 12 Artikelkärtchen, 12 Adjektivkärtchen, 12 Namenkärtchen (alle s. S. 21), 12 dazu passende Gegenstände, sodass die Zuordnung der Adjektive eindeutig ist (weiche Wolle, scharfe Schere, leichte Feder, kleine Kerze, harter Stein, leere Schachtel, kurzer Stift, spitzer Nagel, runder Kreis, goldenes Papier, langes Band und rotes Auto)

Ziele: Eigenschaften erkennen, Namen-, Artikel- und Adjektivkärtchen dem passenden Gegenstand zuordnen

Übung: Zur Einführung kann die Lehrkraft Zettel mit den Adjektiven „glatt“, „rau“, „weich“, „hart“, „dünn“, „dick“, „lang“, „kurz“, „groß“ und „klein“ vorbereiten.
Je zwei oder drei Kinder bekommen zusammen einen Zettel mit dem Auftrag, einige Gegenstände im Zimmer zu suchen, die zu der jeweiligen Eigenschaft passen. Die Gegenstände werden in die Kreismitte oder auf einen Tisch gelegt. Die Adjektive und die Artikel werden dazugelegt. Dann werden die Gegenstände geprüft, ob sie der geforderten Eigenschaft entsprechen.
Im Anschluss ordnen die Kinder selbstständig die Namen-, Artikel- und Adjektivkärtchen dem passenden Gegenstand zu.

Beschreibung der Materialien

2. Eigenschaften 2

Material: 12 Wörterstreifen (s. S. 21), 12 Gegenstände, die zu den Wörterstreifen passen (der dünne Stoff, das rote Herz, der grüne Stift, der dicke Bleistift, der kleine Stern, die silberne Folie, das große Quadrat, die gelbe Perle, der spitze Stein, die lange Schraube, das bunte Papier, die glatte Pappe), 12 oder mehr Gegenstände, bei denen das Substantiv stimmt, aber nicht die Eigenschaft, z. B. der dicke Stoff, das grüne Herz usw.

Ziele: Informationen genau lesen, Eigenschaften von Gegenständen vergleichen, Gegenstände mit passenden Eigenschaften auswählen

Übung: Als Einstieg kann folgendes Spiel gespielt werden (s. auch „Schatzkiste Grammatik Band 1", S. 25, Nr. 5 „Ja wie denn? – Ja was denn?"): Viele Stifte (dicke, dünne, lange, kurze, eckige, runde, in verschiedenen Farben) liegen in der Kreismitte oder auf dem Tisch. Die Lehrkraft sagt: „Gib mir bitte einen Stift!" Ein Kind reicht ihr einen Stift. Lehrkraft: „Nein, den möchte ich nicht. Ich möchte einen anderen." Die Lehrkraft wiederholt den Satz immer wieder, bis das Kind fragt: „Was für einen?" Lehrkraft: „Einen gelben (oder langen oder kleinen usw.)." Dieses Spiel kann in der Klasse reihum mehrmals gespielt werden.
Danach arbeiten die Kinder selbstständig mit dem o. g. Material. Die Gegenstände werden paarweise auf den Tisch gelegt. Das Kind liest einen Wortstreifen, legt den passenden Gegenstand dazu und den nicht passenden zurück in die Schachtel.

3. Gegensatzpaare

Material: 6 Auftragskarten, 12 Adjektivkärtchen (alle s. S. 22), 12 Gegenstände passend zu den Kärtchen (dicker und dünner Wachsmalstift, langer und kurzer Bleistift, große und kleine Klammer, breites und schmales (Geschenk-)Band, leichter und schwerer Stein, alter und neuer Radiergummi)

Ziele: Informationen genau lesen, Eigenschaften von Gegenständen vergleichen, passende Adjektive zuordnen

Übung: Zu Beginn erläutert die Lehrkraft dem Kind die Aufgabe an einem Beispiel aus der Schachtel. Danach arbeitet das Kind selbstständig. Die Gegenstände werden paarweise auf den Tisch gelegt, das Kind liest die Auftragskarten, vergleicht die Gegenstände und legt die richtigen Adjektivkärtchen dazu.

Einsatz: Einzelarbeit

4. Steigerung

Material: 6 Auftragskarten, 18 Adjektivkärtchen (alle s. S. 23), 18 Gegenstände passend zu den Kärtchen (3 kleine Flaschen in verschiedenen Größen, 3 Schnüre in verschiedener Dicke, 3 Pappstreifen in verschiedenen Längen, 3 Kreise in verschiedenen Größen, Schleifpapier in verschiedenen Raustufen, 3 Stricknadeln in verschiedenen Stärken)

Ziele: Eigenschaften von Gegenständen vergleichen, Steigerungsformen kennen und anwenden

Übung: Die Lehrkraft erklärt dem Kind die Aufgabe an einem Beispiel aus der Schachtel. Im Anschluss arbeitet das Kind selbstständig. Es legt die Gegenstände in Dreiergruppen auf den Tisch, liest die Auftragskarten, vergleicht die Gegenstände und ordnet die Adjektivkärtchen zu.

Einsatz: Einzelarbeit

Beschreibung der Materialien

4. Numerale

1. Grundzahlen 1

Material: 1 Anleitung, 1 Kontrollkarte, 10 Kärtchen mit Zahlwörtern, 10 Kärtchen mit Substantiven (alle s. S. 24), dazu passende Gegenstände in entsprechender Anzahl (1 Würfel, 2 Deckel, 3 Bleistifte, 4 Steine, 5 Klammern, 6 Nägel, 7 Korken, 8 Perlen, 9 Briefmarken, 10 Wattestäbchen, s. auch Kontrollkarte)

Ziele: Gegenstände genau abzählen, passende Numerale zuordnen

Übung: Zur Einführung kann die Lehrkraft mehrere Gruppen gleicher Gegenstände (andere als die o. g. Materialien) auf den Tisch legen und einzelne Kinder auffordern, ihr welche davon zu geben, z. B.: „Gib mir drei Hefte.“, „Gib mir fünf Farbstifte.“ usw. Die Kinder zählen ab und reichen die gewünschte Anzahl an Gegenständen.
Danach arbeiten die Kinder selbstständig mit den o. g. Materialien. Sie legen die gleichen Gegenstände auf den Tisch, zählen diese und legen die passenden Kärtchen (Numerale und Substantiv) dazu.

Kontrolle: Kontrollkarte

2. Grundzahlen 2

Material: 1 Anleitung, 1 Kontrollkarte, 10 Zahlenkärtchen, 10 Kärtchen mit Zahlwörtern (alle s. S. 25)

Ziele: schwierige Zahlennamen lesen, Zahlen und Zahlennamen richtig zuordnen, erkennen, dass die Schreibweise mit Zahlen eine große Erleichterung ist

Übung: Zu Beginn kann die Lehrkraft drei bis vier lange Zahlwörter an die Tafel schreiben, z. B. siebenhundertachtundzwanzig usw. Die Kinder überlegen, ob man die Zahlen auch einfacher darstellen kann. In der Regel kommen die Kinder auf die Idee, dass man sie auch als Zahlen schreiben kann. Angeregt durch die Kinder schreibt die Lehrkraft die entsprechenden Zahlen neben die Zahlwörter.
Dann arbeiten die Kinder mit den Materialien. Sie legen selbstständig die Kärtchen mit den Zahlwörtern untereinander und ordnen die passenden Zahlenkärtchen zu.

Kontrolle: Kontrollkarte

Tipp: Die Kinder können ähnliche Aufgaben selbst erstellen, indem sie z. B. Zahlen und Numerale am Computer schreiben und ausdrucken.

3. Unbestimmte Mengen

Material: 1 Anleitung, 12 Kärtchen mit unbestimmten Zahlwörtern, 12 Kärtchen mit Substantiven (alle s. S. 26), passende Gegenstände in entsprechender Menge (Chips, Farbstifte, Geldscheine (Papiergeld), Klammern, Schrauben, Kerzen, Zahnstocher, Knöpfe, Spielfiguren, Pappstreifen, Bohnen, Achtung: zu „Goldstücke“ gehört „keine“)

Ziele: unbestimmte Numerale kennen und anwenden, erkennen, dass es z. T. mehrere richtige Lösungen gibt

Übung: Zunächst kann die Lehrkraft jeweils zwei Kinder auffordern: „Gebt mir ein paar Bleistifte!“, „Holt mir einige Hefte!“, „Bringt mir viele Bücher!“ usw. Im Vergleich wird auffallen, dass Kinder, die die gleichen Gegenstände holen sollen, eine unterschiedliche Anzahl davon bringen.
Danach arbeiten die Kinder selbstständig mit dem vorbereiteten Material. Sie legen gleiche Gegenstände als Menge auf den Tisch und ordnen die Kärtchen zu.

4. Wiederholungszahlen

Material: 1 Anleitung, 10 Auftragskarten (alle s. S. 27)

Ziel: Wiederholungszahlen kennen und anwenden

Übung: Um die Übung einzuführen, fordert die Lehrkraft etliche Kinder auf, mehrmals etwas zu tun, z. B.: „Stampfe dreimal mit dem Fuß!“, „Klatsche fünfmal in die Hände!“ Die übrigen Kinder zählen mit: „einmal, zweimal, dreimal ...“
Danach arbeiten die Kinder zu zweit. Die Auftragskarten werden gemischt und verdeckt auf den Tisch gelegt. Ein Kind nimmt ein Kärtchen und liest den Auftrag vor. Das andere Kind führt den Auftrag aus. Dann wechseln die Partner.

Einsatz: Partnerarbeit

5. Ordnungszahlen

Material: 2 Karten mit Aufträgen, 2 Kontrollkarten (alle s. S. 28), 8 Innenteile von Streichholzschachteln, 8 Gegenstände, die von der Größe her in die kleinen Schachtelteile passen (Würfel, Perle, Spitzer, Knopf, Watte, Korken, Stein)

Ziele: erkennen, dass Ordnungszahlen eine bestimmte Reihenfolge festlegen, Ordnungszahlen anwenden

Übung: Zur Einführung der Übung stehen fünf oder mehr Kinder in einer Reihe. Die Lehrkraft fragt: „Wie heißt das erste Kind?“ (das vierte, das zweite usw.) Dann fordert sie einige Kinder auf, den Kindern in der Reihe etwas zu bringen: „Gib dem ersten Kind ein Buch!“ (dem dritten ein Stück Kreide, dem fünften einen Radiergummi usw.), bis alle Kinder in der Reihe einen Gegenstand in der Hand haben. Dann werden Fragen gestellt, z. B.: „Das wievielte Kind hat ein Buch in der Hand?“ usw.
Danach arbeiten die Kinder mit dem o. g. Material. Die Innenteile der Streichholzschachteln werden nebeneinandergelegt und die Aufträge ausgeführt.

Kontrolle: Kontrollkarten

5. Konjunktion „und“

1. Konjunktion „und“ 1

Material: 1 Anleitung, 9 Kärtchen mit der Konjunktion „und“, 10 Namenkärtchen (alle s. S. 29), 10 passende Gegenstände (Tonpapier, Wellpappe, Schere, Klebestift, Pfeifenputzer, Perlen, Schnur, Filz, Goldfolie, Bast)

Ziele: Konjunktion „und“ als Bindewort kennenlernen, Substantive, die zusammengehören, mit der Konjunktion „und“ verbinden

Übung: Zu Beginn kann in der Kreismitte oder auf einem Tisch ein Mäppchen liegen, dazu verschiedene Gegenstände, die hineingehören, und solche, die nicht hineingehören. Die Gegenstände werden sortiert: Was gehört alles in das Mäppchen? Anschließend wird das Mäppchen gefüllt und dabei gesprochen: „In das Mäppchen gehören der Bleistift <u>und</u> der Spitzer <u>und</u> der Radiergummi <u>und</u> ...“
Danach arbeiten die Kinder mit den o. g. Materialien. Die Gegenstände werden nebeneinandergelegt, die Namenkärtchen zugeordnet, die Kärtchen mit den Konjunktionen dazwischengelegt und alles wird noch einmal gelesen.

2. Konjunktion „und“ 2

Material: 1 Anleitung, 1 Kontrollkarte, 8 Kärtchen mit der Konjunktion „und“, 16 Namenkärtchen (alle s. S. 30), 16 passende Gegenstände (Messer, Gabel, Strohstern, Tannenzweig, Kerze, Kerzenhalter, CD, Hülle, Umschlag, Karte, Würfel, Spielfiguren, Dose, Deckel, Häkelnadel, Häkelgarn)

Ziele: Gegenstände, die zusammengehören, erkennen, Substantive mit der Konjunktion „und“ verbinden

Übung: Als Einführung können verschiedene Gegenstände (nicht die oben genannten) auf dem Tisch oder in der Kreismitte liegen, z. B. Bleistift, Spitzer, Füller, Patrone, Farb-

kasten, Pinsel, Schere, Papier, Buch, Lesezeichen. Die Lehrkraft gibt den Impuls: „Immer zwei Dinge gehören zusammen!“ Die Kinder ordnen dann zu, z. B.: Bleistift und Spitzer, Füller und Patrone usw. *Tipp:* Die Lehrkraft kann die Kinder gern weitere Gegenstände, die zusammengehören, im Klassenzimmer suchen lassen.
Im Anschluss arbeiten die Kinder selbstständig mit dem o. g. Material. Sie legen immer zwei Gegenstände, die zusammengehören, nebeneinander, lesen die Kärtchen, ordnen sie zu und legen die Konjunktion „und“ dazwischen.

Kontrolle: Kontrollkarte

6. Präposition

6. Präposition

1. Präposition 1

Material: 4 Karten mit jeweils 6 Aufträgen (s. S. 31), dazu folgende Gegenstände: Umschlag mit Formen (Formenvorlage s. S. 47 auf Tonkarton kopieren), 1 kleines Buch, 1 große, flache Streichholzschachtel (Kaminhölzer) mit abgebrannten Streichhölzern, 1 Wattebausch

Ziel: Aufträge ausführen, dabei die Präpositionen beachten

Übung: Zur Einführung erteilt die Lehrkraft Aufträge für ein oder mehrere Kinder, z. B.: „Lege ein Buch auf den Tisch!“ (unter den Tisch, neben den Tisch usw.)
Danach arbeiten die Kinder zu zweit mit den o. g. Materialien. Ein Kind liest die Aufträge einer Serie, das andere führt die Aufträge aus, dann wird gewechselt.

Einsatz: Partnerarbeit

2. Präposition 2

Material: 1 Anleitung, 1 Kontrollkarte, 8 Satzstreifen, 8 Kärtchen mit Präpositionen, 8 Bildkärtchen (alle s. S. 32–33)

Ziel: Präpositionen richtig zuordnen

Übung: Das Kind legt die Satzstreifen in der richtigen Reihenfolge untereinander. Dann legt es die passenden Bildkärtchen dazu und ordnet die Präpositionskärtchen zu.

Einsatz: Einzelarbeit

Kontrolle: Kontrollkarte

3. Präposition mit Artikel

Material: 1 Anleitung, 1 Kontrollkarte, 8 Auftragskarten, 8 Kärtchen „Präposition mit Artikel“ (alle s. S. 34), verschiedene Gegenstände (Schlüssel und Vorhängeschloss, Löffel und Tellerchen, Stern und Zweiglein, Gummiband, Faden und Nadel, Messer und Gabel, Watte, Wachsmalstift und Papier)

Ziel: Präpositionen und Artikel durch Präpositionen mit Artikel ersetzen

Übung: Das Kind legt zu jedem Satz das passende Kärtchen „Präposition mit Artikel“ in die Lücke und führt den Auftrag aus.

Einsatz: Einzelarbeit

Kontrolle: Kontrollkarte

Hinweis: Die Lehrkraft kann die Kinder darauf hinweisen, dass die Präpositionen „aufs“, „ans“, „durchs“ und „übern“ umgangssprachlich verwendet werden.

Beschreibung der Materialien

7. Verb

1. Verb 1

Material: 8 Aufgabenkarten (s. S. 35)
Ziel: Verben in Handlung umsetzen
Übung: Als Einführung kann die Lehrkraft den Kindern Aufträge ins Ohr flüstern, die diese dann ausführen, z. B.: Hüpfe! Summe! Hole ein Stück Kreide!
Im Anschluss arbeiten die Kinder selbstständig mit dem Material. Ein Kind liest die Aufträge einer Karte vor. Das zweite Kind führt die Aufträge aus. Dann wechseln die Partner.
Einsatz: Partnerarbeit
Tipp: Weitere „Tu was!"-Auftragskarten finden Sie im Heft „Schatzkiste Lesen".

2. Verb 2

Hinweis: die Materialien für die Aufgaben 1 und 2 sollten verschiedenfarbig sein (s. S. 4 oben)

Aufgabe 1: Wie sprechen die Tiere?

Material: 1 Anleitung, 1 Kontrollkarte, 12 Kärtchen mit Tiernamen, 12 Verbkärtchen (alle s. S. 36)
Ziele: Geräusch-Verben für die Tiersprache kennen und den richtigen Tieren zuordnen
Übung: Zunächst bekommen verschiedene Kinder einen Tiernamen ins Ohr geflüstert (z. B.: Frosch, Pferd, Kuh, Katze) mit der Aufforderung, die entsprechenden Geräusche von sich zu geben. Anschließend werden die entsprechenden Verben genannt.
Danach arbeiten die Kinder mit den o. g. Materialien. Sie legen die beiden passenden Kärtchen nebeneinander.
Kontrolle: Kontrollkarte
Tipp: Die Verbkärtchen lassen sich auch für die Spiele „Arche Noah" und „Tierkonzert" (in: „Schatzkiste Grammatik Band 1") verwenden.

Aufgabe 2: Wie bewegen sich die Tiere?

Material: 1 Anleitung, 1 Kontrollkarte, 12 Kärtchen mit Tiernamen und Artikel, 12 Verbkärtchen (alle s. S. 37)
Ziele: Verben für Tierbewegungen kennen, Verben den richtigen Tieren zuordnen
Übung: Die Kinder legen die Kärtchen mit den Tiernamen untereinander und die passenden Verbkärtchen daneben.
Kontrolle: Kontrollkarte

3. Verb 3

Hinweis: die Materialien für die Aufgaben 1 und 2 sollten verschiedenfarbig sein (s. S. 4 oben)

Aufgabe 1: Was tun die Zwerge?

Material: 1 Anleitung, 1 Kontrollkarte, 14 Kärtchen mit Satzteilen, 7 Verbkärtchen (alle s. S. 38)
Ziel: passende Verben finden
Übung: Die Kinder legen die Satzkärtchen aus und ordnen die Verbkärtchen zu.
Kontrolle: Kontrollkarte

Aufgabe 2: Was tut das Gespenst Hugo?

Material: 1 Anleitung, 1 Kontrollkarte, 16 Kärtchen mit Satzteilen, 8 Kärtchen mit Verben (alle s. S. 39)
Ziel: passende Verben finden

Übung: Die Kinder legen die Satzkärtchen aus und ordnen die Verbkärtchen zu.
Kontrolle: Kontrollkarte

4. Verben mit Vorsilben
Material: 2 Anleitungen, 2 Karten mit Aufträgen, 2 Kontrollkarten, 8 Verbkärtchen (alle s. S. 40), 1 Brille, 1 dünne Mütze
Ziele: erkennen, dass Verben je nach Vorsilbe eine andere Bedeutung bekommen, erkennen, dass Verben mit Vorsilben in Sätzen getrennt stehen können
Übung: Zur Einführung gibt die Lehrkraft Aufträge, z. B.: „Mache die Tür auf. – Mache die Tür zu.“, „Ziehe den Schal an. – Ziehe den Schal aus.“ usw. Dann fragt sie: „Was solltest du tun?“ Die Antworten: aufmachen, zumachen, anziehen, ausziehen usw. werden an die Tafel geschrieben. Danach erfolgt ein kurzes Gespräch über die Veränderung der Wortbedeutung durch die Vorsilben.
Anschließend arbeiten die Kinder zu zweit selbstständig mit den o. g. Materialien. Sie führen die Aufträge aus und legen das passende Verb neben den Auftrag.
Einsatz: Partnerarbeit
Kontrolle: Partner und Kontrollkarte

5. Gegensatzpaare
Hinweis: die Materialien für die Aufgaben 1 und 2 sollten verschiedenfarbig sein (s. S. 4 oben)

Aufgabe 1: einfache Verben
Material: 1 Anleitung, 1 Kontrollkarte, 16 Verbkärtchen (alle s. S. 41)
Ziel: gegensätzliche Verben finden
Übung: Die Lehrkraft erläutert kurz das Material. Dann legt das Kind selbstständig je zwei Verbkärtchen, die ein Gegensatzpaar bilden, nebeneinander.
Einsatz: Einzelarbeit
Kontrolle: Kontrollkarte

Aufgabe 2: Verben mit Vorsilben
Material: 1 Anleitung, 1 Kontrollkarte, 16 Verbkärtchen (alle s. S. 41)
Ziel: gegensätzliche Verben finden
Übung: Die Lehrkraft erläutert kurz das Material. Dann legt das Kind selbstständig je zwei Verbkärtchen, die ein Gegensatzpaar bilden, nebeneinander.
Einsatz: Einzelarbeit
Kontrolle: Kontrollkarte

8. Pronomen

1. Pronomen 1
Material: 4 Aufgabenkarten,16 Kärtchen mit Pronomen, 1 Anleitung, 1 Kontrollkarte (alle s. S. 42–43)
Ziele: erkennen, dass Substantive ersetzt werden können, Personalpronomen, Possessivpronomen und Reflexivpronomen anstelle von Nomen verwenden
Übung: Zur Einführung kann die Lehrkraft folgende Übungen durchführen:
Zu den Personalpronomen: Sie stellt einzelnen Kindern in der Klasse Rätselfragen mit „er“, „sie“, „es“, z. B.: „Er hat einen roten Pulli an. Er hat braune Locken. Er ist groß.“ Oder sie erzählt: „Ich habe gestern ... gemacht. Was hast du gemacht?“
Es können auch zwei Gruppen gebildet werden, denen die Lehrkraft Anweisungen gibt, z. B.: „Wir gehen durch die Klasse, ihr bleibt stehen.“ usw. Evtl. nennt die Lehr-

kraft vorher die Namen aus beiden Gruppen und erklärt, dass es einfacher ist, statt all der Namen „wir“ bzw. „ihr“ zu sagen.

Zu den Possessivpronomen: Die Lehrkraft stellt Fragen, die die Kinder beantworten, z. B.: „Ist dies dein Bleistift?“, „Ja, das ist meiner.“, „Ist das sein Heft?“, „Nein, das ist ihr Heft.“

Zu den Reflexivpronomen: Die Lehrkraft nimmt einen Kamm und tut so, als ob sie einige Kinder kämmen würde. Dabei sagt sie: „Ich kämme ...“ Die Schüler ergänzen den Namen. Dann kämmt die Lehrkraft sich und sagt dazu: „Ich kämme mich.“ Nun gibt sie einem Kind den Kamm mit der leisen Aufforderung, sich zu kämmen und in einem Satz zu sagen, was es tut. Die Lehrkraft fragt: „Wen kämmt Sarah?“ Die Kinder antworten: „Sarah kämmt sich.“ Ähnliche Sätze können gebildet werden mit der Aufforderung, sich zu setzen, sich zu räuspern, sich zu kratzen usw. Dazu werden Fragen gestellt: „Was tust du?“, „Was tut er?“, „Was tut ihr?“, „Was tun wir?“ Danach arbeiten die Kinder allein mit den o. g. Materialien. Sie legen die passenden Pronomenkärtchen in die Lücken der Aufgabenkärtchen.

Einsatz: Einzelarbeit
Kontrolle: Kontrollkarte

2. Pronomen 2

Material: 4 Aufgabenkarten (s. S. 43), 8 Gegenstände passend zu den Aufgabenkärtchen 1 und 2 (kleiner Stein, roter Knopf, langes Pappstück, runde Form, kurzer Stift, schmales Band, gelbe Wolle, blaues Papier), sowie 8 Gegenstände, die ähnlich sind, aber nicht passen (großer Stein, blauer Knopf, kurzes Pappstück, eckige Form, langer Stift, breites Band, grüne Wolle, weißes Papier)

Ziele: **Aufgaben 1–2:** Relativpronomen bewusst wahrnehmen
Aufgaben 3–4: Indefinitpronomen anwenden

Übung: Als Einführung kann die Lehrkraft verschiedene Aufträge erteilen:
Aufträge Relativpronomen: „Ich möchte ein Buch und zwar ein Buch, das dick ist.“, „Gehe zu einem Jungen, der einen roten Pullover trägt.“ usw.
Aufträge Indefinitpronomen: „Bringe mir etwas aus deiner Schultasche.“, „Hole einiges aus deiner Schultasche.“, „Räume alles wieder ein.“ usw.
Danach führen die Kinder zu zweit die Aufträge auf den Aufgabenkärtchen aus.

Einsatz Partnerarbeit
Kontrolle: durch den Partner

3. Pronomen 3

Material: 1 Anleitung, 1 Kontrollkarte, 4 Aufgabenkarten, 16 Kärtchen mit Pronomen (alle s. S. 43–44)

Ziele: Interrogativpronomen, Relativpronomen und Indefinitpronomen als Ersatz für Nomen anwenden

Übung: Zur Einführung kann die Lehrkraft verschiedene Fragen stellen:
Interrogativpronomen: „Wem gehört dieser Schal?“, „Wessen Handschuhe sind das?“, „Wer vermisst eine Mütze?“ usw.
Indefinitpronomen: „Sind alle da?“, „Ist jemand auf der Toilette?“, „Ich möchte nichts hören.“ usw. Gemeinsam überlegen die Kinder, wer oder was „alle“, „jemand“ und „nichts“ sind.
Dann arbeiten die Kinder allein mit den o. g. Materialien. Sie legen die passenden Pronomenkärtchen in die Lücken der Aufgabenkarten und kontrollieren sie.

Einsatz: Einzelarbeit
Kontrolle: Kontrollkarte

1. Substantiv zu „1. Namen“

Stein	Würfel	Stoff
Hund	Pferd	Nikolaus
Bär	Baumrinde	Mann
Blume	Zwerg	Zapfen

1. Substantiv zu „3. Einzahl – Mehrzahl“

Einzahl	–	Mehrzahl
Stift	–	Stifte

Kreis	Kreise	Dreieck
Dreiecke	Quadrat	Quadrate
Herz	Herzen	Fisch
Fische	Wolke	Wolken
Baum	Bäume	Stern
Sterne	Haus	Häuser

1. Substantiv zu „4. Zusammengesetzte Substantive (1)“

Zusammengesetzte Substantive **Anleitung 1:** Ergänze die Sätze mit dem passenden Wort. Kontrolliere mit der Kontrollkarte.	**Zusammengesetzte Substantive** **Kontrollkarte 1:** 1. Strohstern, 2. Kirschbaum, 3. Kinderstuhl, 4. Parfümflasche, 5. Wolljacke, 6. Pappkarton, 7. Hautcreme, 8. Fotoalbum

1. Ein Stern aus Stroh ist ein	Strohstern.
2. Ein Baum mit Kirschen ist ein	Kirschbaum.
3. Ein Stuhl für Kinder ist ein	Kinderstuhl.
4. Eine Flasche für Parfüm ist eine	Parfümflasche.
5. Eine Jacke aus Wolle ist eine	Wolljacke.
6. Ein Karton aus Pappe ist ein	Pappkarton.
7. Eine Creme für die Haut ist eine	Hautcreme.
8. Ein Album für Fotos ist ein	Fotoalbum.

1. Substantiv zu „4. Zusammengesetzte Substantive“ (2)

Zusammengesetzte Substantive
Anleitung 2:
Lege die Karten so:

Vogel	Nest	Vogelnest

Tisch	Tuch	Tischtuch
Eis	Bär	Eisbär
Stachel	Schwein	Stachelschwein
Spinnen	Netz	Spinnennetz
Schlüssel	Loch	Schlüsselloch
Regen	Schirm	Regenschirm
Spiel	Karte	Spielkarte
Wind	Rad	Windrad
See	Stern	Seestern
Ritter	Burg	Ritterburg

1. Substantiv zu „5. Oberbegriff *Papier*“

Geschenkpapier
Toilettenpapier
Tonpapier
Briefpapier
Glanzpapier
Zeitungspapier
Packpapier
Küchenpapier
Seidenpapier
Metallpapier
Transparentpapier
Krepppapier

BVK DE24 • Maria Schmetz: Schatzkiste Grammatik Band 2

2. Artikel zu „1. Bestimmter Artikel“

der	der	der	der
die	die	die	die
das	das	das	das

Bast	Klebestift
Filz	Silberdraht
Wellpappe	Watte
Goldfolie	Holzperle
Leder	Tonpapier
Band	Holzstück

2. Artikel zu „2. Einzahl – Mehrzahl“

der	der	die	die	das	das
die	die	die	die	die	die

Löffel	Gabel	Stäbchen
Teller	Serviette	Messer
Erbsen	Bohnen	Zahnstocher
Korken	Eislöffel	Teebeutel

2. Artikel zu „3. Bestimmter und unbestimmter Artikel“

der	der	die	die	das	das
ein	ein	ein	ein	eine	eine

Holzklotz	Ball	Glaskugel
Puppe	Plüschtier	Büchlein
Baustein	Würfel	Auto
Luftballon	Spielkarte	Spielfigur

3. **Adjektiv** zu „1. Eigenschaften 1“

der	der	der	der	die	die
die	die	die	das	das	das

weiche	scharfe	leichte	kleine
harte	leere	kurze	spitze
runde	goldene	lange	rote
Wolle	Schere	Feder	Kerze
Stein	Schachtel	Stift	Nagel
Kreis	Papier	Band	Auto

3. **Adjektiv** zu „2. Eigenschaften 2“

der dünne Stoff	das rote Herz
der grüne Stift	der dicke Bleistift
der kleine Stern	die silberne Folie
das große Quadrat	die gelbe Perle
der spitze Stein	die lange Schraube
das bunte Papier	die glatte Pappe

3. Adjektiv zu „3. Gegensatzpaare“

1. Lege die beiden Wachsmalstifte nebeneinander. Lege dazu die Karten: dick, dünn.
2. Lege die beiden Bleistifte nebeneinander. Lege dazu die Karten: lang, kurz.
3. Lege die beiden Klammern nebeneinander. Lege dazu die Karten: groß, klein.
4. Lege die beiden Bänder nebeneinander. Lege dazu die Karten: breit, schmal.
5. Lege die beiden Steine nebeneinander. Lege dazu die Karten: leicht, schwer.
6. Lege die beiden Radiergummis nebeneinander. Lege dazu die Karten: alt, neu.

dick	dünn	lang	kurz
groß	klein	breit	schmal
leicht	schwer	alt	neu

3. Adjektiv zu „4. Steigerung“

1. Stelle die drei Flaschen nebeneinander. Lege die Karten dazu: klein, kleiner, am kleinsten.
2. Lege die drei Schnüre nebeneinander. Lege die Karten dazu: dick, dicker, am dicksten.
3. Lege die drei Pappstreifen nebeneinander. Lege die Karten dazu: lang, länger, am längsten.
4. Lege die drei Kreise nebeneinander. Lege die Karten dazu: groß, größer, am größten.
5. Lege die drei Bögen Schleifpapier nebeneinander. Lege die Karten dazu: rau, rauer, am rauesten.
6. Lege die drei Stricknadeln nebeneinander. Lege die Karten dazu: dünn, dünner, am dünnsten.

klein	kleiner	am kleinsten
dick	dicker	am dicksten
lang	länger	am längsten
groß	größer	am größten
rau	rauer	am rauesten
dünn	dünner	am dünnsten

4. **Numerale** zu „1. Grundzahlen 1“

Grundzahlen 1 **Anleitung:** Wie viele sind es genau? Zähle die Gegenstände. Lege die Kärtchen dazu. Kontrolliere mit der Kontrollkarte.	**Grundzahlen 1** **Kontrollkarte:** ein Würfel, zwei Deckel, drei Bleistifte, vier Steine, fünf Klammern, sechs Nägel, sieben Korken, acht Perlen, neun Briefmarken, zehn Wattestäbchen

ein	zwei	drei	vier	fünf
sechs	sieben	acht	neun	zehn

Würfel	Deckel
Bleistifte	Steine
Klammern	Nägel
Korken	Perlen
Briefmarken	Wattestäbchen

4. **Numerale** zu „2. Grundzahlen 2“

Grundzahlen 2 **Anleitung:** Lege die Wortkarten untereinander. Lege die passenden Zahlen dazu. Kontrolliere mit der Kontrollkarte.	**Grundzahlen 2** **Kontrollkarte:** zwölf 12, achtzehn 18, zwanzig 20, siebenunddreißig 37, einhundert 100, einhundertdrei 103, zweihundertzehn 210, fünfhundertelf 511, sechshundertneunundfünfzig 659, achthundertvierundsiebzig 874

12	18	20	37	100
103	210	511	659	874

zwölf	achtzehn
zwanzig	siebenunddreißig
einhundert	einhundertdrei
zweihundertzehn	fünfhundertelf

sechshundertneunundfünfzig
achthundertvierundsiebzig

BVK DE24 • Maria Schmetz: Schatzkiste Grammatik Band 2

4. Numerale zu „3. Unbestimmte Mengen“

Unbestimmte Mengen
Anleitung:
Wie viele Dinge sind es ungefähr? Lege die passenden Kärtchen dazu.
Beachte: Manchmal gibt es mehrere Lösungen!

einige	wenige	ein paar
etliche	keine	mehrere
viele	alle	sämtliche
einzelne	verschiedene	zahlreiche

Chips	Farbstifte
Geldscheine	Klammern
Schrauben	Kerzen
Zahnstocher	Knöpfe
Spielfiguren	Pappstreifen
Bohnen	Goldstücke

4. Numerale zu „4. Wiederholungszahlen“

Wiederholungszahlen
Anleitung für zwei Kinder:
Einer liest eine Aufgabe vor.
Der andere führt den Auftrag aus.
Dann wechselt ihr.

Strecke einmal deine Zunge heraus.	Putze dir zweimal die Nase.
Huste dreimal in deine Hand.	Sage viermal leise: Ha!
Tippe fünfmal an deine Stirn.	Wippe sechsmal mit dem Fuß.
Schnipse siebenmal mit den Fingern.	Nicke achtmal mit dem Kopf.
Klopfe neunmal auf den Tisch.	Mache keinmal in die Hose.

BVK DE24 • Maria Schmetz: Schatzkiste Grammatik Band 2

4. Numerale zu „5. Ordnungszahlen“

Ordnungszahlen
Aufträge 1:

Lege die Schachteln nebeneinander.
Dann lege die Dinge so hinein:

- den Würfel in die dritte Schachtel
- die Perle in die fünfte Schachtel
- den Spitzer in die erste Schachtel
- den Knopf in die siebte Schachtel
- die Watte in die achte Schachtel
- den Korken in die zweite Schachtel
- den Stein in die vierte Schachtel
- eine Schachtel bleibt leer

Ordnungszahlen
Aufträge 2:

Lege die Schachteln nebeneinander.
Dann lege die Dinge so hinein:

- den Knopf in die dritte Schachtel
- den Spitzer in die siebte Schachtel
- die Watte in die erste Schachtel
- den Stein in die sechste Schachtel
- den Würfel in die achte Schachtel
- die Perle in die zweite Schachtel
- den Korken in die fünfte Schachtel
- eine Schachtel bleibt leer

Ordnungszahlen
Kontrollkarte 1:
1. Spitzer, 2. Korken, 3. Würfel,
4. Stein, 5. Perle, 6. leer, 7. Knopf,
8. Watte

Ordnungszahlen
Kontrollkarte 2:
1. Watte, 2. Perle, 3. Knopf,
4. leer, 5. Korken, 6. Stein,
7. Spitzer, 8. Würfel

5. Konjunktion „und“ zu „1. Konjunktion ‚und‘ 1“

Konjunktion „und“ 1
Anleitung:
Was brauchst du zum Basteln?
Lege alle Dinge nebeneinander.
Lege die Namenkärtchen darunter.
Lege „und“ zwischen die Namen.

und	und	und	und	und
und	und	und	und	

Tonpapier	Wellpappe
Schere	Klebestift
Pfeifenputzer	Perlen
Schnur	Filz
Goldfolie	Bast

5. Konjunktion „und“ zu „2. Konjunktion ‚und‘ 2“

Konjunktion „und“ 2 **Anleitung:** Was gehört zusammen? Lege immer zwei Dinge neben-einander. Lege die Namenkärtchen darunter. Lege „und“ dazwischen. Kontrolliere mit der Kontrollkarte.	**Konjunktion „und“ 2** **Kontrollkarte:** Messer und Gabel, Strohstern und Tannenzweig, Kerze und Kerzenhalter, CD und Hülle, Umschlag und Karte, Würfel und Spielfiguren, Dose und Deckel, Häkelnadel und Häkelgarn

und	und	und	und
und	und	und	und

Messer	Gabel
Strohstern	Tannenzweig
Kerze	Kerzenhalter
CD	Hülle
Umschlag	Karte
Würfel	Spielfiguren
Dose	Deckel
Häkelnadel	Häkelgarn

6. Präposition zu „1. Präposition 1“

Präposition 1
Aufträge 1:
Einer liest vor, der andere führt
die Aufträge aus.
1. Hole die Formen aus dem Umschlag.
2. Lege alle Formen in eine Reihe.
3. Lege das Rechteck vor den Kreis.
4. Lege den Baum unter das Herz.
5. Lege den Fisch neben die Wolke.
6. Lege den Stern auf die Wolke.

Präposition 1
Aufträge 2:
Einer liest vor, der andere führt
die Aufträge aus.
1. Lege das Buch hinter die Schachtel.
2. Lege das Buch unter deine Bank.
3. Lege das Buch in deine Schultasche.
4. Hole das Buch aus der Schultasche.
5. Klemme das Buch zwischen deine Knie.
6. Lege das Buch neben die Schachtel.

Präposition 1
Aufträge 3:
Einer liest vor, der andere führt
die Aufträge aus.
1. Hole alle Streichhölzer aus der Schachtel.
2. Lege ein Streichholz unter die Schachtel.
3. Lege ein Streichholz neben die Schachtel.
4. Lege ein Streichholz auf die Schachtel.
5. Lege ein Streichholz zwischen zwei andere.
6. Lege ein Streichholz über ein anderes.

Präposition 1
Aufträge 4:
Einer liest vor, der andere führt
die Aufträge aus.
1. Nimm die Watte zwischen zwei Finger.
2. Halte die Watte an deine Wange.
3. Streiche mit der Watte über deine Hand.
4. Streiche ohne Watte über deine Hand.
5. Klemme die Watte unter dein Kinn.
6. Tupfe mit der Watte auf deine Nase.

6. Präposition zu „2. Präposition 2“ (1)

Präposition 2 **Anleitung:** Lege die Sätze untereinander. Lies die Sätze. Lege die passenden Bilder daneben. Lege die kleinen Kärtchen in die Lücken. Kontrolliere mit der Kontrollkarte.	**Präposition 2** **Kontrollkarte:** 1. in, 2. neben, 3. hinter, 4. unter, 5. auf, 6. an, 7. über, 8. vor

1. Kuno schläft __________ der Truhe.
2. Kuno sitzt __________ der Kiste.
3. Kuno steht __________ dem Vorhang.
4. Kuno liegt __________ dem Bett.
5. Kuno hockt __________ dem Schrank.
6. Kuno lehnt __________ der Wand.
7. Kuno hängt __________ der Stuhllehne.
8. Kuno steht __________ dem Spiegel.

in	neben	hinter	unter
auf	an	über	vor

6. Präposition zu „2. Präposition 2“ (2)

6. Präposition zu „3. Präposition mit Artikel“

Präposition mit Artikel **Anleitung:** Lies die einzelnen Aufträge. Lege die Kärtchen in die Lücken. Führe die Aufträge aus. Kontrolliere mit der Kontrollkarte.	**Präposition mit Artikel** **Kontrollkarte:** 1. ins, 2. aufs, 3. ans, 4. am, 5. durchs, 6. zur, 7. übern, 8. zum

1. Stecke den Schlüssel in das Schloss. Ich stecke den Schlüssel ______________ Schloss.
2. Lege den Löffel auf das Tellerchen. Ich lege den Löffel ______________ Tellerchen.
3. Hänge den Stern an das Zweiglein. Ich hänge den Stern ______________ Zweiglein.
4. Ziehe an dem Gummiband. Ich ziehe ______________ Gummiband.
5. Fädle den Faden durch das Nadelöhr. Ich fädle den Faden ______________ Nadelöhr.
6. Lege das Messer zu der Gabel. Ich lege das Messer ______________ Gabel.
7. Puste die Watte über den Tisch. Ich puste die Watte ______________ Tisch.
8. Lege den Wachsmalstift zu dem Papier. Ich lege den Wachsmalstift ______________ Papier.

ins	aufs	ans	am
durchs	zur	übern	zum

7. Verb zu „1. Verb 1“

Verb 1 **Aufgabe 1:** Gähne! Klatsche! Brumme! Hüpfe!	**Verb 1** **Aufgabe 2:** Niese! Huste! Schnarche! Schmatze!
Verb 1 **Aufgabe 3:** Hole ein Blatt. Nimm einen Stift. Schreibe ein Wort. Male ein Haus.	**Verb 1** **Aufgabe 4:** Gehe zum Regal. Hole ein Buch. Öffne das Buch. Lies einen Satz.
Verb 1 **Aufgabe 5:** Mache fünf Kniebeugen. Schleiche durch die Klasse. Gehe leise zur Tafel. Zähle alle Kreidestücke.	**Verb 1** **Aufgabe 6:** Gehe zum Waschbecken. Wasche deine Hände. Trockne deine Hände gut ab. Gehe zurück auf deinen Platz.
Verb 1 **Aufgabe 7:** Öffne dein Mäppchen. Hole alle Stifte heraus. Nimm deinen Spitzer. Spitze alle stumpfen Stifte.	**Verb 1** **Aufgabe 8:** Räume deinen Tisch auf. Nimm deine Schultasche. Ordne alle Hefte und Bücher. Stelle die Tasche an den Platz.

7. Verb zu „2. Verb 2“ (1)

Verb 2 **Anleitung 1:** Wie sprechen die Tiere? Lege die Kärtchen so: **Hähne krähen.**	**Verb 2** **Kontrollkarte 1:** 1. bellen, 2. wiehern, 3. zwitschern, 4. brüllen, 5. klappern, 6. meckern, 7. quaken, 8. grunzen, 9. brummen, 10. heulen, 11. schnattern, 12. gackern

1. Hunde	bellen.
2. Pferde	wiehern.
3. Vögel	zwitschern.
4. Löwen	brüllen.
5. Störche	klappern.
6. Ziegen	meckern.
7. Frösche	quaken.
8. Schweine	grunzen.
9. Bären	brummen.
10. Wölfe	heulen.
11. Gänse	schnattern.
12. Hühner	gackern.

7. **Verb** zu „2. Verb 2“ (2)

Verb 2 **Anleitung 2:** Wie bewegen sich die Tiere? Lege die Kärtchen so: **Der Frosch hüpft.**	**Verb 2** **Kontrollkarte 2:** 1. klettert, 2. fliegt, 3. trabt, 4. kriecht, 5. springt, 6. schleicht, 7. schwimmt, 8. watschelt, 9. huscht, 10. trampelt, 11. hoppelt, 12. krabbelt

1. Der Affe	klettert.
2. Die Amsel	fliegt.
3. Das Pferd	trabt.
4. Die Schlange	kriecht.
5. Das Känguru	springt.
6. Die Katze	schleicht.
7. Der Haifisch	schwimmt.
8. Die Ente	watschelt.
9. Die Maus	huscht.
10. Der Elefant	trampelt.
11. Der Hase	hoppelt.
12. Der Käfer	krabbelt.

7. **Verb** zu „3. Verb 3“ (1)

Verb 3 **Anleitung 1:** Was tun die Zwerge? Suche Kärtchen mit gleichen Zahlen. Lege das passende Wort dazwischen. Kontrolliere mit der Kontrollkarte.	**Verb 3** **Kontrollkarte 1:** 1 kocht, 2 deckt, 3 fegt, 4 liest, 5 hackt, 6 streicht, 7 gräbt

1 Tomke	kocht	eine Suppe. 1
2 Waldemar	deckt	den Tisch. 2
3 Kuno	fegt	das Haus. 3
4 Nisse	liest	ein Buch. 4
5 Rasmus	hackt	das Holz. 5
6 Lambert	streicht	den Zaun. 6
7 Stoffel	gräbt	im Garten. 7

BVK DE24 • Maria Schmetz: Schatzkiste Grammatik Band 2

7. Verb zu „3. Verb 3“ (2)

Verb 3 **Anleitung 2:** Was tut das Gespenst Hugo? Suche Kärtchen mit gleichen Zahlen. Lege das passende Wort dazwischen. Kontrolliere mit der Kontrollkarte.	**Verb 3** **Kontrollkarte 2:** 1 schläft, 2 geistert, 3 heult, 4 klappert, 5 rasselt, 6 hört, 7 kriegt, 8 huscht

1 Am Tag	schläft	Hugo in einer Truhe. 1
2 Nachts	geistert	Hugo durch das Schloss. 2
3 Hugo	heult	ganz schauerlich. 3
4 Er	klappert	mit den Zähnen. 4
5 Hugo	rasselt	mit einer alten Kette. 5
6 Plötzlich	hört	Hugo knarrende Geräusche. 6
7 Hugo	kriegt	einen großen Schreck. 7
8 Schnell	huscht	Hugo durch das Fenster. 8

BVK DE24 • Maria Schmetz: Schatzkiste Grammatik Band 2

7. **Verb** zu „4. Verben mit Vorsilben"

Verben mit Vorsilben **Anleitung 1:** 1. Einer liest die Aufträge vor. Der andere führt sie aus. 2. Was sollst du mit der Brille tun? Lege die passenden Kärtchen neben die Sätze. Kontrolliere mit der Kontrollkarte.	**Verben mit Vorsilben** **Anleitung 2:** 1. Einer liest die Aufträge vor. Der andere führt sie aus. 2. Was sollst du mit der Mütze tun? Lege die passenden Kärtchen neben die Sätze. Kontrolliere mit der Kontrollkarte.
Verben mit Vorsilben **Aufträge 1:** 1. Setze die Brille auf. 2. Setze die Brille ab. 3. Lege die Brille hin. 4. Lege die Brille weg.	**Verben mit Vorsilben** **Aufträge 2:** 1. Ziehe die Mütze an. 2. Ziehe die Mütze aus. 3. Drehe die Mütze um. 4. Halte die Mütze hoch.
Verben mit Vorsilben **Kontrollkarte 1:** 1. aufsetzen, 2. absetzen, 3. hinlegen, 4. weglegen	**Verben mit Vorsilben** **Kontrollkarte 2:** 1. anziehen, 2. ausziehen, 3. umdrehen, 4. hochhalten

aufsetzen	absetzen
hinlegen	weglegen
anziehen	ausziehen
umdrehen	hochhalten

BVK DE24 • Maria Schmetz: Schatzkiste Grammatik Band 2

7. **Verb** zu „5. Gegensatzpaare“

Gegensatzpaare
Anleitung 1:
Finde die Gegensätze.
Lege die Kärtchen so:

lieben **hassen**

Gegensatzpaare
Kontrollkarte 1:
weinen – lachen, geben – nehmen,
öffnen – schließen, heben – senken,
kommen – gehen, bitten – danken,
arbeiten – ruhen, schwitzen – frieren

weinen	lachen	geben	nehmen
öffnen	schließen	heben	senken
kommen	gehen	bitten	danken
arbeiten	ruhen	schwitzen	frieren

Gegensatzpaare
Anleitung 2:
Finde die Gegensätze.
Lege die Kärtchen so:

aufschließen **zuschließen**

Gegensatzpaare
Kontrollkarte 2:
einpacken – auspacken,
einsteigen – aussteigen,
aufmachen – zumachen,
anziehen – ausziehen,
festhalten – loslassen,
hinsetzen – aufstehen,
gewinnen – verlieren,
erlauben – verbieten

einpacken	auspacken	einsteigen	aussteigen
aufmachen	zumachen	anziehen	ausziehen
festhalten	loslassen	hinsetzen	aufstehen
gewinnen	verlieren	erlauben	verbieten

8. Pronomen zu „1. Pronomen 1“ (1)

seinen
er
ihn
sich
ich
du
dir
deine
sich
sie
wir
ihrem
ihr
euch
eure
uns

Pronomen 1 – Aufgabe 1:

1. Tomke holt ____________ Spaten.
2. Dann geht ____________ in den Garten.
3. Lambert ruft ____________ zum Essen.
4. Tomke soll ____________ beeilen.

Pronomen 1 – Aufgabe 2:

1. Nisse sagt: „Heute koche ____________ Suppe.“
2. Er fragt Kuno: „Kannst ____________ bitte helfen?“
3. Kuno ruft: „Ich helfe ____________ gerne.“
4. Nisse sagt: „Binde schnell ____________ Schürze um.“

Pronomen 1 – Aufgabe 3:

1. Stoffel und Rasmus treffen ____________ im Wald.
2. Heute wollen ____________ Holz holen.
3. Stoffel sagt: „Jetzt haben ____________ genug.“
4. Sie fahren mit ____________ Holz nach Hause.

Pronomen 1 – Aufgabe 4:

1. Kuno ruft: „Habt ____________ Hunger?“
2. Nisse sagt: „Beeilt ____________!“
3. Kuno sagt: „Bringt ____________ Teller mit.“
4. Zwei Zwerge fragen: „Habt ihr ____________ gerufen?“

BVK DE24 • Maria Schmetz: Schatzkiste Grammatik Band 2

8. Pronomen zu „1. Pronomen 1“ (2)

Pronomen 1 **Anleitung:** Lege die passenden Kärtchen in die Lücken. Kontrolliere mit der Kontrollkarte.	**Pronomen 1** **Kontrollkarte:** **Aufgabe 1:** 1. seinen, 2. er, 3. ihn, 4. sich **Aufgabe 2:** 1. ich, 2. du, 3. dir, 4. deine **Aufgabe 3:** 1. sich, 2. sie, 3. wir, 4. ihrem **Aufgabe 4:** 1. ihr, 2. euch, 3. eure, 4. uns

8. Pronomen zu „2. Pronomen 2“

Pronomen 2 **Aufgabe 1:** Lege folgende Dinge nebeneinander: • den Stein, der klein ist • den Knopf, der rot ist • das Pappstück, das lang ist • die Form, die rund ist	**Pronomen 2** **Aufgabe 2:** Lege folgende Dinge nebeneinander: • den Stift, der kurz ist • das Band, das schmal ist • die Wolle, die gelb ist • das Papier, das blau ist
Pronomen 2 **Aufgabe 3:** Lege zuerst alle Dinge in die Schachtel. • Hole nichts aus der Schachtel. • Hole etwas aus der Schachtel. • Hole verschiedenes aus der Schachtel. • Hole alles aus der Schachtel.	**Pronomen 2** **Aufgabe 4:** Lege zuerst alle Dinge auf den Tisch. • Lege irgendetwas in die Schachtel. • Lege einiges in die Schachtel. • Hole manches wieder heraus. • Räume alles in die Schachtel.

8. Pronomen zu „3. Pronomen 3“ (1)

Pronomen 3 **Anleitung:** Lege die passenden Kärtchen in die Lücken. Kontrolliere mit der Kontrollkarte.	**Pronomen 3** **Kontrollkarte:** **Aufgabe 1:** 1. wem, 2. wessen, 3. wer, 4. was **Aufgabe 2:** 1. der, 2. die, 3. das, 4. den **Aufgabe 3:** 1. alles, 2. keiner, 3. nichts, 4. alle **Aufgabe 4:** 1. man, 2. etwas, 3. jemand, 4. alle

8. **Pronomen** zu „3. Pronomen 3“ (2)

wem
wessen
wer
was
der
die
das
den
alles
keiner
nichts
alle
man
etwas
jemand
alle

Pronomen 3 – Aufgabe 1:

1. Oh, ___________ gehört der Schal?
2. Und ___________ Stiefel sind das?
3. He, ___________ hat meine Mütze?
4. Zeig mal, ___________ hast du da?

Pronomen 3 – Aufgabe 2:

1. Der Schal, ___________ da liegt, gehört Kuno.
2. Die Stiefel, ___________ roten, sind von Nisse.
3. Da hängt das Hemd, ___________ Tomke sucht.
4. Der Hut, ___________ Stoffel vermisst, ist rot.

Pronomen 3 – Aufgabe 3:

1. Im Zimmer liegt ___________ durcheinander.
2. Denn hier will ___________ aufräumen.
3. Die Zwerge finden ___________ mehr wieder.
4. Sind hier ___________ verrückt geworden?

Pronomen 3 – Aufgabe 4:

1. Das kann ___________ nicht aushalten.
2. Es muss ___________ geschehen.
3. Da fängt ___________ an aufzuräumen.
4. Und ___________ machen mit.

BVK DE24 • Maria Schmetz: Schatzkiste Grammatik Band 2

Arbeitsplan für kleine Sprachforscher / Sprachforscherinnen

Du hast folgende Aufgaben gelöst:

1. Substantiv	1	2	3	4	5
2. Artikel	1	2	3		
3. Adjektiv	1	2	3	4	
4. Numerale	1	2	3	4	5
5. Konjunktion „und“	1	2			
6. Präposition	1	2	3		
7. Verb	1	2	3	4	5
8. Pronomen	1	2	3		

Kommentar:

Arbeitsplan für kleine Sprachforscher / Sprachforscherinnen

Du hast folgende Aufgaben gelöst:

1. Substantiv	1	2	3	4	5
2. Artikel	1	2	3		
3. Adjektiv	1	2	3	4	
4. Numerale	1	2	3	4	5
5. Konjunktion „und“	1	2			
6. Präposition	1	2	3		
7. Verb	1	2	3	4	5
8. Pronomen	1	2	3		

Kommentar:

Beobachtungsbogen – Lernstandsdiagnose Grammatik

Name: ____

Material		1	2	3	4	5	Beobachtungen
1. Substantiv	Datum:						
	Einzel- / Partnerarbeit:						
	selbstständiges Arbeiten:						
	konzentriertes Arbeiten:						
	richtiges Arbeiten:						
2. Artikel	Datum:						
	Einzel- / Partnerarbeit:						
	selbstständiges Arbeiten:						
	konzentriertes Arbeiten:						
	richtiges Arbeiten:						
3. Adjektiv	Datum:						
	Einzel- / Partnerarbeit:						
	selbstständiges Arbeiten:						
	konzentriertes Arbeiten:						
	richtiges Arbeiten:						
4. Numerale	Datum:						
	Einzel- / Partnerarbeit:						
	selbstständiges Arbeiten:						
	konzentriertes Arbeiten:						
	richtiges Arbeiten:						
5. Konjunktion „und“	Datum:						
	Einzel- / Partnerarbeit:						
	selbstständiges Arbeiten:						
	konzentriertes Arbeiten:						
	richtiges Arbeiten:						
6. Präposition	Datum:						
	Einzel- / Partnerarbeit:						
	selbstständiges Arbeiten:						
	konzentriertes Arbeiten:						
	richtiges Arbeiten:						
7. Verb	Datum:						
	Einzel- / Partnerarbeit:						
	selbstständiges Arbeiten:						
	konzentriertes Arbeiten:						
	richtiges Arbeiten:						
8. Pronomen	Datum:						
	Einzel- / Partnerarbeit:						
	selbstständiges Arbeiten:						
	konzentriertes Arbeiten:						
	richtiges Arbeiten:						

BVK DE24 • Maria Schmetz: Schatzkiste Grammatik Band 2

Formenvorlage

Titelstreifen für die Dosen

Substantiv – 1. Namen	**Numerale** – 4. Wiederholungszahlen
Substantiv – 2. Vorname – Nachname	**Numerale** – 5. Ordnungszahlen
Substantiv – 3. Einzahl – Mehrzahl	**Konjunktion „und“** – 1. Konjunktion „und“ 1
Substantiv – 4. Zusammengesetzte Substantive	**Konjunktion „und“** – 2. Konjunktion „und“ 2
Substantiv – 5. Oberbegriff *Papier*	**Präposition** – 1. Präposition 1
Artikel – 1. Bestimmter Artikel	**Präposition** – 2. Präposition 2
Artikel – 2. Einzahl – Mehrzahl	**Präposition** – 3. Präposition mit Artikel
Artikel – 3. Bestimmter und unbestimmter Artikel	**Verb** – 1. Verb 1
Adjektiv – 1. Eigenschaften 1	**Verb** – 2. Verb 2
Adjektiv – 2. Eigenschaften 2	**Verb** – 3. Verb 3
Adjektiv – 3. Gegensatzpaare	**Verb** – 4. Verben mit Vorsilben
Adjektiv – 4. Steigerung	**Verb** – 5. Gegensatzpaare
Numerale – 1. Grundzahlen 1	**Pronomen** – 1. Pronomen 1
Numerale – 2. Grundzahlen 2	**Pronomen** – 2. Pronomen 2
Numerale – 3. Unbestimmte Mengen	**Pronomen** – 3. Pronomen 3